HESIONE,

TRAGEDIE

REPRE'SENTE'E POUR LA PREMIERE FOIS PAR L'ACADEMIE ROYALE DE MUSIQUE,

Le vingt-uniéme jour de Décembre 1700.

Remise au Théatre le Vendredy 19me Juillet 1709.

A PARIS,

Chez CHRISTOPHE BALLARD, seul Imprimeur du Roy pour la Musique, ruë S. Jean de Beauvais, au Mont-Parnasse.

M. DCCIX.

Avec Privilege de Sa Majesté.

LE PRIX EST DE TRENTE SOLS.

152

PERSONNAGES
DU PROLOGUE.

LA PRESTRESSE DU SOLEIL, *qui celebre les Jeux Seculaires.* Mademoiselle Dujardin.
LE SOLEIL. Monsieur Hardoüin.
UN LIDIEN. Monsieur Buseau.

Chœurs de Lidiens & de Lidiennes.

Noms des Actrices & des Acteurs, chantants dans les Chœurs du Prologue, & de la Tragedie.

SECOND RANG. PREMIER RANG.

MESDEMOISELLES

Basset.	Guillet.
Boisé.	D'Haqueville.
De Boisé.	Du Vaurose.
Laurent.	La Roche.

MESSIEURS

Paris.	Du Menil.
Le Jeune.	Cadot.
Granet.	Bertrand.
Des Souche.	Crété.
Courteil	Alexandre.
Renard.	Mantienne.
Verny.	Ledé.
Desmars.	Thomas.
Marianval.	

DIVERTISSEMENT du Prologue.

SALIENS.

Monſieur Dumoulin L.,

Meſſieurs Ferand, Blondy, Marcelle, Javillier, & Gautrau.

LIDIENNES.

Mademoiſelle Chaillou.

Meſdemoiſelles Dufrêne, Menés, Le Maire, Mangot, & de Rochecourt.

On vend le Recueil général des Paroles des Opera, en huit Volumes indouze, ornez de Planches, 16. liv.

PROLOGUE.

PROLOGUE.

LES JEUX SECULAIRES.

Le Theatre Repreſente les Amphitheatres de l'ancienne Rome, où l'on avoit coutume de celebrer en l'honneur du Soleil des Jeux, au commencement de chaque Siécle. La Scene ſe paſſe au commencement du jour.

SCENE PREMIERE.

LA PRESTRESSE DU SOLEIL, Chœurs de Romains, de Saliens, de Lidiens & Lidiennes.

LA PRESTRESSE.

LE Dieu qui repand la lumiere,
Va d'un Siécle nouveau commencer la carriere
Peuples, par de celebres Jeux
Venez rendre le Ciel favorable à vos Vœux.

Le Theatre paroît éclairé.

PROLOGUE.

Que vois-je ! que d'heureux presages !
Jamais tant de clarté ne brilla dans les Cieux !
Malgre l'Hyver Flore sur nos rivages
Prodigue ses dons precieux !
Les Oyseaux dans nos champs par de tendres ramages
De l'Astre qui nous luit, celebrent le retour :
L'Onde reprend son doux murmure ;
Et l'on diroit que toute la nature
Renaît avec un si beau jour.

CHOEURS.

Tout rit à nos desirs, tout flatte nôtre attente,
Chantons, animons nos chansons,
Ce beau jour dont nous joüissons,
Est de mille beaux jours une source éclatante.

Les Saliens & les Lidiennes commencent les Jeux.

LA PRESTRESSE.

Pere des saisons & des jours,
Fais naître en ces climats un Siécle memorable,
Puisse à ses ennemis ce Peuple redoutable
Estre à jamais heureux, & triompher toûjours.
Nous avons à nos Loix asservy la Victoire ;
Aussi loin que tes feux nous portons nôtre gloire,
Fais dans tout l'Univers craindre nôtre pouvoir ;
Toy qui vois tout ce qui respire,
Soleil, puisses-tu ne rien voir
De si puissant que cette Empire.

PROLOGUE.

Que la gloire & les plaisirs
Pour nous s'unissent,
Qu'ils remplissent
Tous nos desirs:
Que la gloire & les plaisirs
Pour nous s'unissent.

GRAND CHOEUR.

Que toûjours sous les Loix de Mars
A suivre nos Guerriers la gloire soit constante:

PETIT CHOEUR.

Que toûjours dans nos Champs la Moisson abondante
Comble nos vœux, & charme nos regards:

GRAND CHOEUR.

Que toûjours devant nous la terreur, l'épouvante
Renverse, brise ces Remparts:

PETIT CHOEUR.

Que des ris & des jeux une Troupe charmante
Que les Amours volent de toutes parts.

TOUS LES CHOEURS.

Rendons-nous toûjours redoutables,
Vivons toûjours contents,
Que nos exploits soient éclatants,
Et nos plaisirs durables.

Les Jeux continuënt.

UN LIDIEN.

Quand tout est calme sur la Terre,
Les Amours s'arment de leurs traits;
Ces doux Vainqueurs ne font la guerre
Que dans l'heureux temps de la Paix.

PROLOGUE.

Que rien ne trouble plus les charmes
Que nous promettent les beaux jours :
Et si l'on forge encor des Armes
Que ce soit celles des Amours.

UNE PRESTRESSE.

Que l'on aime en ce nouvel âge
Comme on aimoit aux premiers temps ;
Q e l'Amour ne soit plus volage ,
Qu'il rende tous les cœurs contents ;
Qu'une secrette indifference
N'emprunte jamais l'aparence
D'une vive & sincere ardeur ;
Que toûjours la bouche & le cœur
Puissent être d'intelligence.

Que l'Amour qui devient heureux
En devienne encor plus fidelle ,
Que toûjours dans les mêmes nœuds
Il trouve une douceur nouvelle ,
Que les soupirs & les langueurs
Puissent seuls flechir les rigueurs
De la beauté la plus severe ;
Que l'Amant comblé de faveurs
Sçache les goûter , & les taire.

PROLOGUE.

LA PRESTRESSE, & les Chœurs.

Le Soleil dans ces lieux s'avance!
Par nos vœux, par nos chants, honnorons sa présence.

SCENE DEUXIÉME.

LE SOLEIL, LA PRESTRESSE, Les Chœurs.

LE SOLEIL.

PEuples, vous êtes trop heureux,
Le sort peut-il jamais vous devenir contraire?
Cessez de former tant de vœux,
Vous n'en avez qu'un seul à faire.

Vous vivez sous les loix d'un Heros glorieux,
Aimé, craint des Mortels, favorise des Dieux;
Vôtre repos fait son unique envie,
Qu'un même soin vous anime aujourd'huy;
Vôtre bonheur dépend d'une si belle vie,
Ne faites des vœux que pour luy.

LE SOLEIL, & les Chœurs.

Il fait le destin de le la Terre,
Qu'il vive, qu'il regne à jamais,
Qu'il soit l'Arbitre de la Guerre,
Qu'il soit l'Arbitre de la Paix.

FIN DU PROLOGUE.

ACTEURS
DE LA TRAGEDIE.

LAOMEDON, *Roy de Troye.* Mr Hardoüin.
HESIONE, *fille de Laomedon.* Mlle Poussin.
VENUS. Mademoiselle Journet.

ANCHISE, *Prince Troyen, Amant d'Hesione, & aimé de Venus.* Monsieur Thévenard.

TELAMON, *Roy de Salamine, Amant d'Hesione.* Monsieur Cochereau.

CLEON, *Prince Grec, aimé de Telamon.* Monsieur Dun.

NEPTUNE. Monsieur Dun.

MERCURE. Monsieur Choplet.

UNE PRESTRESSE DE FLORE. Mlle Dujardin.

Chœurs de Sacrificateurs & de Prestresses.

UN PLAISIR. Monsieur Choplet.

UNE GRACE. Mademoiselle Dun.

Chœurs de Plaisirs & de Graces.
UNE OMBRE FORTUNE'E des Châps Elisées. Mlle Milon.
Chœurs d'Ombres fortunées, d'Amants & d'Amantes.
Chœurs de Nymphes de Proserpine.
Chœurs de Dieux Marins.
UNE TROYENNE. Mademoiselle Dun.
Chœur de Troyens.

DIVERTISSEMENTS de la Tragedie.

PRÉMIER ACTE.

Troyens.

Monſieur Blondy,
Meſſieurs Ferand, Marcelle, Javillier & Gautrau.

Pretreſſes de Junon.

Mademoiſelle Guyot,
Meſdemoiſelles Lemaire, Dufreſne, Menés, & Mangot,

SECOND ACTE.

Plaiſirs.

Meſſieurs Germain, Dumoulin-L.

Jeux.

Meſſieurs F-Dumoulin, P-Dumoulin, D-Dumoulin & Pecourt.

Les Graces.

Meſdemoiſelles Prevôt, Dufrêne & de Rochecourt.

Amours.

Meſſieurs Maureau, Maltais, Brunet, & le petit Javillier.

TROISIÉME ACTE.

Ombres des Heros.

Monſieur Balon,

Meſſieurs Germain, F-Dumoulin, P-Dumoulin, D-Dumoulin, & Pecourt.

Mademoiſelle Prevôt.

Meſdemoiſelles Chaillou, Milot, Lemaire, Menés, Dufreſne, & Mangot.

QUATRIÉME ACTE.

Vents Souterrains.

Monſieur F-Dumoulin,

Meſſieurs Marcelle, Javillier, & Gautrau.

Vents de l'Air.

Meſſieurs P-Dumoulin, Pecourt, & Pieret.

CINQUIÉME ACTE.

Troyens, & Troyennes.

Monſieur Balon,

Meſſieurs Germain, Dumoulin-L., & Marcelle.

Meſdemoiſelles Chaillou, Lemaire, & Menés.

Monſieur D-Dumoulin & Mademoiſelle Guyot.

HESIOEN.

HESIONE,

TRAGEDIE.

ACTE PREMIER,

Le Theatre Represente un Temple que l'on doit consacrer aux Dieux.

SCENE PREMIERE.

TELAMON, CLEON.

TELAMON.

Atons-nous, partons de ces lieux ;
Tout y redouble ma tristesse ;
Ce Temple qu'aujourd'huy le Roy consacre aux Dieux,
Verra demain l'Hymen de la Princesse.

CLEON.

Laomedon, Seigneur, a trompé vôtre espoir;
Le choix qu'il a fait vous outrage;
A-t'il donc oublié que par vôtre courage
Vous avez soûtenu sa gloire & son pouvoir?
Sans Alcide & sans vous ce magnifique ouvrage,
Ces murs par Neptune élevez
De ses Voisins jaloux alloient sentir la rage:
Vôtre bras les a conservez.

TELAMON.

Ce n'est point le Roy qui m'offense:
De mon heureux Rival Hesione a fait choix;
Anchise en est aimé, je perds toute esperance,
Et l'Ingrate m'a vû pour la derniere fois.

CLEON.

Dieux! quel prix de vôtre constance!

TELAMON.

D'Alcide sur ces bords j'accompagnois les pas;
J'allois dans les combats
Chercher d'un nom fameux l'éternelle memoire;
Retenu dans ces lieux par un charme fatal
J'ay refusé l'éclat que m'offroit la Victoire:
Ah! que l'Amour me recompense mal
D'avoir quitté pour luy la Gloire!

CLEON.

Arrachez-vous à ce séjour.

Le plus grand cœur peut sans foiblesse
Une fois céder à l'Amour;
Mais il faut que la Gloire en soit enfin maîtresse,
Et qu'elle triomphe à son tour.

TELAMON, CLEON.

Allons, allons, c'est trop attendre,
On ne peut à l'Amour assez-tôt resister:
Plus on differe à s'en deffendre,
Et moins on peut le surmonter.

On entend une agreable Symphonie, & Venus descend du Ciel sur un Char environné d'Amours & de Zephirs.

TELAMON, CLEON.

Ah! quels charmans concerts! quelle clarté nouvelle
Brille de toutes parts!
Quelle est cette Immortelle,
Qui vient s'offrir à nos regards.

SCENE SECONDE.

VENUS, TELAMON, CLEON.

VENUS.

ARrête, Telamon, je veux finir ta peine:
Tu vois la mere des Amours;
Tu sçauras quel dessein m'ameine,
Espere tout de mon secours.

TELAMON.

Mon trop heureux Rival epouse ce que j'ayme,
Déesse, que puis-je esperer?

VENUS.

Malgré leur foy promise & leur amour extrême,
J'entreprens de les separer.

Pour mieux te satisfaire,
Je vais demeurer en ces lieux:

Aux Zephirs qui ont suivy son Char.

Partez, volez, Zephirs, empressez à me plaire,
Allez a mon secours appeller tous les Dieux.

Les Zephirs s'envolent.

TELAMON.

Ciel! puis-je me flatter d'un sort si glorieux!

VENUS.

Attens dans ce sejour l'effet de ma puissance:
Aime, soupire avec constance,
Tu verras finir tes tourmens;
Il n'est point pour l'Amour une plus grande offense,
Que le desespoir des Amans.

SCENE TROISIE'ME.

TELAMON, CLEON.

TELAMON.

VEnus sur mon Rival me promet la victoire!
Venus me favorise! ô Ciel! le puis-je croire?

Doux charme des cœurs amoureux,
Espoir, revenez dans mon ame,
Prevenez les plaisirs qu'on promet à ma flâme
Commencez à me rendre heureux:
Doux charme des cœurs amoureux,
Espoir, revenez dans mon ame.

CLEON.

Hesione, Seigneur, suit le Roy dans ces lieux,
Votre Rival est avec elle.

TELAMON.

Cachons-nous à leurs yeux,
Epargnons-nous une douleur nouvelle.

SCENE QUATRIE'ME.

LE ROY, HESIONE, ANCHISE, Suite du Roy.

LE ROY.

LE Dieu des Mers n'est plus irrité contre nous,
Pour ces fameux remparts nous n'avons plus à craindre,
En luy manquant de foy j'allumay son couroux,
Mes respects viennent de l'éteindre.
Il ne nous reste plus qu'à celebrer des Jeux,
Et qu'à faire en ce Temple un premier Sacrifice,
Ma fille, à ton Hymen rendons le Ciel propice,
Unissons nos voix & nos vœux.

LE ROY, HESIONE, ANCHISE.

Unissons nos voix & nos vœux.

ANCHISE.

Princesse, un doux Hymen flâte mon esperance:
Que mon cœur est content, & qu'il est amoureux!

HESIONE.

Le peuple dans ces lieux s'avance,
Unissons nos voix & nos vœux.

HESIONE, ANCHISE, LE ROY.

Unissons nos voix & nos vœux.

SCENE CINQUIE'ME.

LE ROY, HESIONE, ANCHISE,
Suite du Roy, Troupe de Sacrificateurs & de Prêtresses qui viennent consacrer le Temple.

LE ROY.

Que chacun de vous me seconde ;
Les Roys sont les sujets des Dieux :
C'est en obéissant aux Cieux,
Qu'ils doivent commander au monde.

LE ROY, Chœur de Sacrificateurs & de Prêtresses.

Rendons hommage aux Immortels,
Qu'à nos voix, qu'à nos chants dans ces lieux tout réponde,
Que tous les Dieux du Ciel, de la Terre & de l'Onde
Y puissent trouver des Autels.

CHOEUR DE PRETRESSES.

Dans ces lieux pleins de charmes
Les Dieux descendent tous,
L'Amour seul a des armes,
Nous en aimons les coups.

Chœur de Sacrificateurs.

Jupiter sans Tonnerre
Reçoit icy nos vœux,
Et le Dieu de la Guerre
N'y vient qu'avec les Jeux.

CHOEUR DE PRETRESSES.

Dans ces lieux pleins de charmes,
Les Dieux descendent tous,
L'Amour seul a des armes,
Nous en aimons les coups.

CHOEUR DE SACRIFICATEURS.

Pour marcher sur les traces
Du Dieu qui fait aimer,
Bellone par les Graces
Se laisse desarmer.

CHOEUR DE PRETRESSES.

Dans ces lieux pleins de charmes
Les Dieux descendent tous,
L'Amour seul a des armes,
Nous en aimons les coups.

LE ROY.

Déesses, Dieux du Ciel, recevez nôtre hommage,
Qu'Appollon avec vous favorise ces lieux,
Neptune, oubliez un outrage
Qui pour vous contre moy souleva tous les Dieux.
Venez contre la rage
De cent peuples jaloux
Deffendre vôtre ouvrage,
Venez, protegez-nous.

HESIONE, une Prêtresse de Flore ; Chœur des Suivantes de Flore.

Qu'icy chacun chante
L'aimable Printemps,
Tout plait, tout enchante,
Tout pare nos champs,
La Terre est riante,
Profitons du temps.

Flore fait éclore
Mille & mille fleurs,
L'Amour fait encore
Naître plus d'ardeurs.

Heureux un cœur tendre
Qu'il veut enflâmer !
Gardons-nous d'attendre,
Hatons-nous d'aimer.

Les roses nouvelles,
Pour paroître belles,
N'ont dans leur Printemps
Que quelques instants,
Pour plaire comme elles
L'Amour n'a qu'un temps.

LE ROY.

Offrons aux Dieux ce Temple, il est temps qu'on commence,
Que chacun avec moy s'avance.

Dans le temps qu'ils veulent entrer dans le Temple, il paroît tout en feu, la Terre tremble, & le Tonnerre se fait entendre.

CHOEURS.

Ah ! quel bruit ! quel fracas ! ah ! quel desordre affreux !
Quels tremblemens ! quels deluges de feux !
Dieu des Mers, est-ce encor l'effet de ta vengeance ?

LE ROY.

Dieux, nous punissez-vous, quand nous nous soûmettons ?
Le bruit cesse... qui peut calmer sa violence ?
Le Ciel veut s'expliquer... que l'on fasse silence...
Ecoûtons, écoûtons.

Une Voix que l'on entend.

Au pied du Mont-Ida qu'Anchise vienne apprendre
Des volontez du Ciel ce que l'on doit attendre.

LE ROY.

Nôtre sort va se declarer,
Allons voir s'il faut craindre, ou s'il faut esperer.

Fin du premier Acte.

ACTE SECOND.

Le Theatre Repreſente un Deſert au pied du Mont-Ida, on y voit des Precipices & des Torrens qui tombent du ſommet.

SCENE PREMIERE.

HESIONE, ANCHISE.

HESIONE.

AH Ciel! que venons-nous d'entendre?
Un Oracle nouveau que je ne puis comprendre,
Veut qu'on vous laiſſe ſeul ſans deffenſe en ces lieux;
Quel eſt donc le deſſein des Dieux?
Que pretendent-ils? Non, en vain leur voix l'ordonne,
Vous ne ſerez point ſeul en ces lieux pleins d'horreur,
Un noir preſſentiment épouvante mon cœur,
Et l'Amour ne veut pas que je vous abandonne.

ANCHISE.

Les Dieux me vont icy declarer nos destins ;
Soûmettons-nous a leur pouvoir suprême :
Laissez-moy seul : suivons leurs ordres souverains.
Que craignez-vous ?

HESIONE.

Ce que je crains !
Ignorez-vous que je vous aime ?
Je crains pour vous, je crains de perdre vôtre cœur,
Sans cesse je fremis, je tremble,
Je ne puis penetrer quel sera mon malheur ;
Mais je sens que je crains tous les malheurs ensemble.

Tout nous flattoit de l'Hymen le plus doux !

ANCHISE.

Quelque soit le Destin où l'Oracle me livre,
Les Dieux même en seront jaloux :
Ah ! si pour vous je ne puis vivre,
Du moins je puis mourir pour vous.

HESIONE.

Tout m'allarme & m'inspire une affreuse tristesse,
Ma crainte en ce moment égale ma tendresse.

HESIONE, ANCHISE.

Helas ! de nôtre sort quel doit être le cours ?
O Dieux ! troublerez-vous sans cesse
Les plus beaux feux, les plus tendres amours !

SCENE SECONDE.

LE ROY, HESIONE, ANCHISE.

LE ROY.

AU bonheur des Troyens ne mettons plus d'obstacle.
Ma fille, pour sçavoir la volonté des Dieux,
Il faut obeïr à l'Oracle ;
Laissons ce Heros dans ces lieux.

Mais que vois-je! des pleurs s'échappent de vos yeux...

ANCHISE à HESIONE.

N'augmentez point ma douleur par la vôtre,
Belle Princesse, allez, tout doit nous rassurer ;
Le Ciel auroit-il fait nos deux cœurs l'un pour l'autre,
S'il eût voulu les separer.

SCENE TROISIEME.

L'horreur des Deserts s'augmente, on entend une Symphonie qui a quelque chose d'affreux.

ANCHISE seul.

De ma Princesse, helas ! j'ay calmé les allarmes ;
Mais qui pourra calmer les troubles de mon cœur ?
Aimable & cher objet qui causez ma langueur,
Pour la derniere fois n'ay-je point vû vos charmes ?

J'ay cent fois éprouvé vôtre injuste rigueur,
Dieux, dont la voix icy m'appelle,
Une chaîne si belle
Pourroit à vôtre sort égaler mon bonheur ;
En êtes-vous jaloux ? ah ! mortelle frayeur !...

Deserts, où regne une horreur éternelle,
Rochers, Torrens impetueux,
Precipices ouverts aux Amans malheureux,
Preparez-moy plûtôt la mort la plus cruelle.

L'Hymen alloit combler mes vœux,
Ah ! quel supplice extrême,
De perdre ce qu'on aime,
Au moment qu'on croît être heureux !

Deserts, où regne une horreur éternelle,
Rochers, Torrens impetueux,
Precipices ouverts aux Amants malheureux,
Preparez-moy plûtôt la mort la plus cruelle.
On entend une Symphonie agreable.
Quel changement! que vois-je! ô Dieux!
Quel spectacle éclatant se presente à mes yeux?

SCENE QUATRIÉME.

Le Théatre change & represente des Jardins agréables: Venus y paroît sur un Trône de fleurs au milieu des Plaisirs, des Graces, des Ris & des Jeux, & l'Amour assis au pied du Trône, où elle est placée.

VENUS, ANCHISE, suite de Venus.

VENUS.

Graces, Amours, qui cherchez à me plaire,
Venez de toutes parts,
Vôtre secours m'est necessaire;
Charmez de ce Mortel le cœur & les regards;

Chantez sous ces naissans feüillages,
Formez les plus tendres accords;
Que les Oyseaux par leurs ramages,
Que les Echos secondent vos efforts.
Le Chœur repete *Chantons &c.*

UNE GRACE.

La terre sur les cieux remporte la victoire:
Mortels, que vôtre sort est doux!
N'enviez plus des Dieux le destin ny la gloire,
La Mere des Amours vient regner parmy vous.
Par des hommages legitimes
D'un bonheur si charmant venez vous acquitter,
Vos soupirs sont l'encens, & vos cœurs les victimes
Que vous devez luy présenter.

On repete les quatre premiers vers. *La terre.* &c.

UN PLAISIR.

Que de fleurs sur ces bords vont paroitre!
Les regards de Venus les font naître;
Sa beauté rend ces lieux
Plus charmants que les Cieux:
Les Oyseaux charmez par sa presence,
S'assemblent pour la voir briller en ce beau jour,
Les Zephirs enchantez font silence,
Tout rit, tout reconnoît la Mere de l'Amour!

UNE GRACE.

A l'Amour tout doit rendre les armes,
Paisibles Cœurs, cedez à ses attraits,
Venez tous éprouver ses allarmes,
Ne craignez point le pouvoir de ses traits,
Ils ont plus de charmes,
Que vôtre paix.
Pourquoy fuïr quand ce Dieu se presente?
Vôtre bonheur doit-il vous allarmer?
Il dépend du plaisir d'aimer;

Les langueurs, les ſoûpirs, tout enchante
Les tendres Amans,
Leur ame eſt contente
Dans les tourmens;
La froide ſageſſe
D'un cœur ſans tendreſſe,
N'a point à pretendre de doux momens.

VENUS à ſa ſuite.

C'en eſt aſſez: allez, que l'on nous laiſſe.

Les Plaiſirs ſe retirent.

SCENE CINQUIEME.

VENUS, ANCHISE.

VENUS.

JE ne veux plus te cacher ton bonheur,
De Venus dans ces ſoins reconnois la tendreſſe,
Elle oublie aujourd'huy ſa ſuprême Grandeur,
Ce n'eſt que comme Amante, & non comme Déeſſe,
Qu'elle vient demander ton cœur.

ANCHISE.

O Ciel!

VENUS.

Tu peux juger de mon amour extrême,
J'abandonne pour toy le celeſte ſéjour,
Eh! qui pourroit ſçavoir comme il faut que l'on ayme,
Si ce n'eſt la mere d'Amour!

ANCHISE.

Helas ! pourquoy m'offrez-vous tant de gloire ?
Déesse, vous sçavez si je puis l'accepter.

VENUS.

D'un autre objet tu gardes la memoire,
Et pour aimer Venus tu n'oses le quitter !

ANCHISE.

D'une ardeur nouvelle
Ne cherchez point à m'enflâmer,
Venus voudroit-elle aimer
Un cœur qui seroit infidelle ?

VENUS.

On peut être inconstant pour faire un plus beau choix.

ANCHISE.

Il n'est permis qu'aux Dieux de vivre sous vos loix ;
Mille cœurs enchantez d'un si bel esclavage,
Feroient de vous aimer leur bonheur le plus doux ;
Mais pour vous rendre un digne hommage,
Il faut un cœur qui n'ait aimé que vous.

VENUS.

Mon cœur s'est donc flatté d'une esperance vaine ?
Eh bien : suivez l'ardeur qui vous entraîne :
Je fais mon bonheur de vous voir,
Mais je vous aime trop pour vouloir vous contraindre,
Connoissez mon amour, ignorez mon pouvoir ;
Venus se fait aimer, & ne se fait point craindre.
Vous voulez me quitter ! vous contez chaque instant !..

ANCHISE.

A vos regards tout doit rendre les armes,
Si je n'adore pas leur pouvoir éclatant,
Je sens du moins qu'un cœur qui veut être constant,
Doit craindre de voir tant de charmes.

Anchise s'en va.

VENUS à L'AMOUR.

Vole, suis cet Amant, vole aprés luy, mon fils,
Puisqu'à tes loix tu m'as soûmise,
Va sçavoir du Destin quel espoir m'est permis,
Et retiens dans ces bois l'ingrat qui me méprise.

L'Amour s'envole.

SCENE SIXIEME.

VENUS seule.

IL me méprise! ô vous qui tant de fois
Fûtes les Témoins de ma gloire,
Vous voyez un mortel échapper à mes loix
Dieux! pourrez-vous le croire?
Pourray-je le souffrir?... Non, courons, vengeons-nous.
Je me suis trop long-temps contrainte en sa presence,
Eclatez, mon juste couroux:
Qui peut retenir ma vengeance?
Je suis Déesse, j'aime & mon cœur est jaloux!
Perdons le cruel qui m'offense,
Hâtons-nous de nous l'immoler,
Allons... que fais-je?.. où veux-je aller?..

Je ſuis Déeſſe, helas! en ſuis-je moins ſenſible?
Ah! tout cruel qu'il eſt, il poſſede mon cœur;
Non, qu'il vive, & qu'il m'aime enfin, s'il eſt poſſible,
Que ma ſeule Rivale éprouve ma fureur;
Pour rendre ſon ſupplice extrême,
Rendons ſon cœur jaloux;
Je le ſens trop bien par moy-même,
Ce ſera luy porter les plus funeſtes coups.

Fin du ſecond Acte.

ACTE TROISIE'ME.

Le Theatre Represente une Colonade & le Palais de Laomedon en perspective.

SCENE PREMIERE.

HESIONE seule.

O Ciel ! il me trahit ! ô Ciel ! est-il possible ?
Qu'ay-je donc fait ? helas ! je l'ay trop tôt aimé ;
Pour éteindre les feux dont il parut charmé,
Il attendoit, l'Ingrat ! que j'y fusse sensible.

Tu romps un si charmant lien,
Perfide, tu me fuis ! tu méprises mes larmes !
Ah ! si Venus a plus de charmes,
Venus a-t'elle un cœur comme le mien ?

Mon cœur long-temps charmé de son indifference,
Pour toy seul de l'Amour a senti la puissance,
Et mille objets ont enflâmé le sien...

BIBLIOTHEQUE ROYALE

O Déesse ! ô Venus ! pour moy trop redoutable ;
Et toûjours à mes yeux trop belle & trop aimable,
Pardonne à mes malheurs mes transports offençants,
Amante infortunée en perdant un volage,
De ma raison & de mes sens
J'ay perdu l'empire & l'usage.

SCENE SECONDE

TELAMON, HESIONE.

TELAMON.

Vous détournez vos regards inquiets ...
Vous cherchez à fuïr ma presence !
Ah ! ne fuyez plus desormais
Qu'un perfide qui vous offense.

HESIONE.

Helas !

TELAMON.

Vous vois-je enfin plus sensible à mes feux?

HESIONE.

Je vous plains.

TELAMON.

Est-ce ainsi que vous flatez ma peine?
Vous me plaignez ! c'est me dire, inhumaine,
Que je suis toûjours malheureux:
Juste Ciel ! d'un ingrat les mépris, l'inconstance
Ne peuvent de vos feux vaincre la violence?

Ce n'est plus un secret, Venus l'a sçû charmer;
Quand Venus le declare, en doutez-vous encore?
Méprisez qui vous fuit & commencez d'aimer
Un cœur constant qui vous adore.

HESIONE.

Ah! que mon cœur va payer cherement
Les premieres douceurs qu'il goûtoit en aimant!

L'ingrat que j'ayme, helas! vient d'éteindre sa flâme;
Tout me parle en ces lieux de mon bonheur passé;
Sur ces arbres encor son amour est tracé,
Tandis que de son ame
Il est pour jamais effacé:

Paisibles Bois, & vous claires Fontaines
Qui murmurez dans ces Valons charmans,
Témoins de nos amours, témoins de ses sermens
Vous le serez de mes cruelles peines.

Ah! que mon cœur va payer cherement
Les premieres douceurs qu'il goûtoit en aimant!

TELAMON.

Quoy! n'osez-vous punir son inconstance?
Ah! finissez pour moy vôtre injuste rigueur:
Servez-vous contre luy du secours de l'absence,
Dans les Climats soûmis à mon obéissance
Venez couronner mon ardeur;
Venez, belle Princesse,
Regnez dans le sein de la Grece,
Comme vous regnez dans mon cœur.

HESIONE à part.

Il adore Venus ! il me fuit l'infidelle !
J'aurois quitté pour luy le souverain des Dieux.

TELAMON.

Vous m'outragez encor, cruelle,
Vôtre amour éclate à mes yeux ;
O Ciel ! quel injuste partage !
Sa gloire égale mon tourment:
Vous donnez vôtre haine au plus fidelle amant,
Et vôtre amour au plus volage.

HESIONE.

Je m'égare, je céde à mes mortels ennuis,
Ne soyez plus témoin de ma foiblesse extrême ;
Dans le trouble où je suis
Que ne puis-je, grands Dieux ! me cacher à moy-même ?

SCENE TROISIEME.

TELAMON seul.

ELle me fuit ! tout trompe mes desirs !
O Venus, ta pitié me devient inhumaine,
Je devois par tes soins trouver mille plaisirs,
Tu ne fais qu'augmenter ma peine.

SCENE QUATRIEME.

VENUS, TELAMON.

VENUS.

Venus ne cesse point de proteger tes feux,
Je vais combler ton esperance,
Je vais pour ton bonheur signaler ma puissance.
Mon Empire s'étend jusqu'au bord tenebreux,
Par un enchantement je veux t'aider à plaire,
Proserpine avec moy secondera tes vœux;
Des Tresors de Pandore elle est dépositaire,
Je ne sçaurois sans elle achever ce mistere,
Demeure dans ces lieux, & voy
Ce que je vais tenter pour toy.

SCENE CINQUIEME.

VENUS, TELAMON.

Chœurs d'Ombres fortunées & de Nymphes de Proserpine, Troupes d'Amours.

VENUS.

Tendres Amours, Troupe charmante,
Obéïssez à mon commandement;
Venez, venez répondre à mon attente,
Venez tous présider à cet Enchantement.

Les Amours se placent sur les costez du Theatre.

Et vous, heureuses Ombres,
Amants, dont autrefois l'Amour combla les vœux,
Vous qui dans les Royaumes sombres
Aprés la mort encor brûlez des mêmes feux,
Reconnoissez la voix qui vous appelle,
Sortez du tenebreux sejour;
Ce doit être pour vous une douceur nouvelle
De servir la Mere d'Amour.

Les ombres fortunées des Amans sortent des champs Elisées.

Chœur d'Ombres d'Amans heureux.

Sortons du tenebreux sejour;
Ce doit être pour vous une douceur nouvelle,
De servir la Mere d'Amour.

VENUS.

Reine des sombres Bords, ne me refuse pas
Le secours que j'implore.
Versons sur cet Amant les plus charmans appas,
Qu'il puisse plaire aux yeux de l'objet qu'il adore!
Reine des sombres Bords, ne me refuse pas
Le secours que j'implore.

Les Nymphes de Proserpine paroissent.

Chœur d'Ombres fortunées & des Nymphes de Proserpine.

Venus, tout se soûmet aux charmes de tes yeux,
Quelle puissance est plus forte & plus grande?
L'Empire de la Mer, & la Terre & les Cieux,
L'Enfer même obeït, quand ta voix luy commande.

UNE OMBRE FORTUNE'E.

Charmante Mere des Amours,
Tu soûmets à ta loy le tenebreux Empire,
Ce fleuve redouté de tout ce qui respire
Le Stix vient à ta voix de suspendre son cours.
Sur ses bords les Ombres plaintives
Ont fini leurs gemissements,
Les Eumenides attentives
Ont fait des Criminels cesser les chatiments.

Jusqu'au fonds des Enfers on reßent la puissance
Du Dieu qui te doit la naißance:
L'Amour regne dans ce séjour
Où l'on ne vit jamais briller l'Astre du jour.

VENUS.

Aimable Vainqueur,
Cher tiran d'un cœur,
Amour dont l'empire,
Et le martyre
Sont pleins de douceur,
Join à mes charmes
L'effort de tes armes,
Hâte mon bonheur:

Tu peux, quand tu veux,
Nous brûler dans l'onde;
Le flambeau du monde
Brille de tes feux;
Tu sçais charmer,
Tu sçais desarmer
Le Dieu de la Guerre;
Le Dieu du Tonnerre
Se laisse enflâmer:
Dans les Enfers,
Aux Cieux, sur la Terre,
Tout porte tes fers.

VENUS à TELAMON.

Le charme est fait; tu vas attendrir l'Inhumaine;
Mais les instans sont precieux;
Qu'elle parte avec toy, qu'elle quitte ces lieux;
De cet enchantement la force sera vaine,
Si ton Rival s'offre à ses yeux:
Tu parois interdit... quoy! lorsque tu peux plaire,
Lorsque tu peux joüir d'un sort charmant...

TELAMON.

Helas! un tel bonheur doit-il me satisfaire,
Quand il faut l'obtenir par un enchantement?
Non, mon amour pourra fléchir l'Objet que j'aime,
Pour moy tout autre charme est un charme fatal.

VENUS.

Goûte au moins la douceur extrême
De désesperer ton Rival.

FIN DU TROISIE'ME ACTE.

ACTE QUATRIÉME

Le Theatre Represente le Port de Sigée dans le fond, d'un côté des Bois, & de l'autre la Ville de Troye.

SCENE PREMIERE.

ANCHISE seul.

OU s'addressent mes pas? dans ces funestes lieux
Quel spectacle Venus vient d'offrir à mes yeux!
J'ay vû la perfide Hesione
Jurer à mon Rival d'éternelles amours!
Que sont-ils devenus?... ô Dieux! par quels détours
Ont-ils fuy la fureur où mon cœur s'abandonne?
Dans des Deserts affreux, je m'égare, je cours...
Hesione... en vain je l'appelle!
Elle aime mon Rival! l'ingrate! l'infidelle!
Elle a pû me trahir! Ciel! en ce même jour
Où j'ay quité pour elle
La Mere de l'Amour!

O rage ! ô desespoir ! courons à la vengeance ,
Punissons , immolons un Rival odieux :
Que l'inhumaine qui m'offence
Le voye expirer à ses yeux.

Hesione paroît.

Mais elle vient , je tremble & mon couroux timide
Cede à de tendres mouvemens :
Justes Dieux, deviez-vous, avec un cœur perfide ,
Luy donner des yeux si charmans ?

SCENE SECONDE.

HESIONE, ANCHISE

ANCHISE.

MA presence vous trouble , ah ! je le vois , cruelle ,
Vous cherchez un autre que moy.

HESIONE.

Je cherchois un Amant fidele ,
Et je trouve un Ingrat qui me manque de foy.

ANCHISE.

Perfide , poursuivez , vous qui venez d'éteindre
Les plus aimables feux...
Mais, que fais-je ? pourquoy m'eplaindre ,
Quand Venus à mon cœur presente d'autres nœuds.

HESIONE.

Porte luy donc tes vœux.

Tout cede à ſes appas, tout cede à ſa puiſſance,
Mais long-temps dans tes fers crois-tu la retenir?
Va, je laiſſe à ſon inconſtance,
Ingrat, le ſoin de te punir.

ANCHISE.

Aprés tant de ſermens d'une Amour éternelle,

HESIONE.

Aprés tant de ſermens de ne changer jamais,

ANCHISE.

Vous brûlez d'une ardeur nouvelle!

HESIONE.

Tu renonces, Parjure, à des nœuds ſi parfaits!

ANCHISE.

Que n'eſt-il vray? du moins que ne le puis-je feindre?
Ah! vous regnez trop dans mon cœur,
Je ne ſçaurois plus me contraindre,
Mon trouble, mes regards trahiſſent ma langueur.
Mais quoy?.. vous gardez le ſilence...
Qu'entens-je... quel ſoupir vient de vous échaper?

HESIONE.

Ah! laiſſe-moy, Cruel, aprés ton inconſtance
Que te ſert-il de me tromper?

ANCHISE.

Moy vous tromper ! eh-bien, barbare,
Ma mort va vous prouver ma foy.

Il tire son Epée.

HESIONE en l'arrestant.

Arreste, helas ! que fais-tu ? quel effroy,
Quelle soudaine horreur de mon ame s'empare !
Pourquoy veux-tu mourir ?... vivez plutôt pour moy,
Cher Prince : Quoy Venus... quoy Venus elle-même
N'auroit pû... Mais, que dis-je ? elle a sceu vous charmer,
Elle a trop de beautez, elle est Déesse, elle aime,
Que de raisons pour m'allarmer !

ANCHISE.

Ah ! que n'a-t'elle encor quelque grace nouvelle ?
Mes mépris à vos yeux braveroient son courroux,
Plus j'aurois à quitter pour vous,
Plus vôtre gloire seroit belle
Mais Telamon...

HESIONE.

O Dieux ! par quel enchantement
A-t'il pû surprendre un regard favorable ?
Helas ! en ce moment
Quel souvenir m'accable !..
Mais ma raison revient, & je vois mon erreur :

O Venus

O Venus, jalouse Déesse,
Qu'esperois-tu par cette adresse?
Du crime de mes yeux j'ay deffendu mon cœur.
Par tes efforts mon feu s'augmente encore,
Prince, c'est-vous, c'est-vous seul que j'adore,
Aimons-nous.

ANCHISE.

Aimons-nous.

TOUS DEUX.

Nos amours de Venus causent la jalousie,
Rendons son cœur encor mille fois plus jaloux;
Aimons-nous, aimons-nous;
Quand sa fureur devroit nous arracher la vie,
Mourons en des liens si doux,
Aimons-nous, aimons-nous.

SCENE TROISIEME.

VENUS, HESIONE, ANCHISE.

VENUS.

C'En est trop, la douceur fut toûjours mon partage.
Mais en un seul moment l'Amour change les cœurs,
Je ne respire plus que la haine, & la rage;
Vous allez l'un & l'autre éprouver mes fureurs.

HESIONE & ANCHISE.

O Ciel ! fuyons sa violence.

VENUS.

Vaine pitié, cedez à ma vengeance:
A punir les Troyens justement animé,
Neptune alloit causer un funeste ravage
D'affreux débordemens auroient détruit l'ouvrage
Que luy-même à formé ;
Pour sauver ce que j'aime
J'ay calmé sa fureur, j'ay retenu son bras ;
Mais c'en est trop, je veux moy-même
L'irriter contre des ingrats,
Dieu des Mers viens servir une haine fatale,
Fais sur ces bords regner l'horreur ;
Que ne ressens-tu ma fureur,
Pour mieux tourmenter ma Rivale.

On entend le bruit d'une tempeste.

On repond à mes vœux!... Neptune me seconde...
J'entens avec plaisir ces affreux siflemens...
Les vents soulevent l'onde,...
La Terre fremit.... le Ciel gronde...
Une soudaine horreur confond les Elemens.

SCENE QUATRIEME,

VENUS, NEPTUNE, BORE'E. Troupe de vents, Troupe de Dieux Marins.

NEPTUNE.

JE viens à ta voix qui m'appelle,
Ma haine en ta faveur eût peine à se calmer,
Contre une Ville criminelle :
Qu'avec plaisir je vais la rallumer !

Que tout serve ici ma haine,
Que les flots innondent ces lieux,
Tirans des airs, vents furieux,
Sortez, brisez vôtre chaîne.

NEPTUNE, Chœur des Dieux Marins.

Renversons ces Palais, détruisons ces Remparts :
Que le trouble, & l'horreur regnent de toutes parts.

VENUS & NEPTUNE.

VEN. { *Amour laisse agir ma fureur,*
NEP. { *Fureur viens regner dans mon cœur.*
On nous méprise, on nous outrage,
Repandons dans ces lieux l'horreur,

VEN. { *Secourez ma* { *jalouse* } *rage.*
NEP. { *Secourez ma* { *trop juste* } *rage.*

NEPTUNE.

Qu'un Monstre furieux sorte du sein des Eaux ;
Qu'il cause sur ces bords mille malheurs nouveaux,

VENUS & NEPTUNE.

VEN. { *Amour laisse agir ma fureur ,*
NEP. { *Fureur viens regner dans mon cœur,*

On nous méprise , on nous outrage ,
Repandons dans ces lieux l'horreur ,

VEN. { *Secourez ma* { *jalouse* } *rage ;*
NEP. { *tropjuste* }

NEPTUNE à Venus.

Ce Monstre va servir ma haine & ta tendresse,
Telamon seul peut vaincre sa fureur ;
Si le Roy veut enfin que le ravage cesse,
La main de la Princesse
Doit estre le prix du Vainqueur,

Fin du quatriéme Acte.

ACTE CINQUIE'ME.

Le Theatre Represente une Campagne ravagée par le Monstre.

SCENE PREMIERE.

VENUS seule.

*ES yeux, n'avez-vous plus de charmes?*
Ne pouvez-vous servir le penchant de mon cœur?

J'excite sur ces bords de mortelles allarmes,
De Neptune irrité j'allume la fureur:
Helas! dois-je causer tant d'effroi, tant d'horreur?
Mes yeux, faites briller vos charmes,
C'est à vous de servir le penchant de mon cœur.

Que dis-je? mes appas sont d'inutiles Armes
Pour combatre l'ingrat qui cause ma langueur;
Punissons le mépris qu'il fait de mon ardeur.
Mes yeux, vous n'avez plus de charmes,
Juste depit, servez les transports de mon cœur.

SCENE SECONDE.

VENUS; ANCHISE.

ANCHISE un tronçon d'épée à la main.

Quoi ! tout trompe mon esperance !
Quel pouvoir, quel charme secret
Rend le Monstre invincible aux traits que je lui lance?
Ils tombent à ses pieds sans force, & sans effet :
Confus, desesperé, j'irrite sa furie,
Il m'évite, il me fuit, il respecte ma vie...

à Venus.

Cruelle, dans l'état où vous m'avez reduit
La mort est mon unique envie,
Et pour comble d'horreur par tout la mort me fuit.

VENUS.

C'est moi qui de tes jours embrasse la défense,
C'est pour mieux servir ma vangeance;
En te laissant perir j'en perdrois tout le fruit.
Je veux que tes régards soient témoins de la gloire
De ton Rival heureux,
Il domptera le Monstre, & pour combler ses vœux
Hesione sera le prix de sa victoire.

ANCHISE.

Barbare! de quel coup m'osez-vous menacer!

VENUS.

Ingrat, à quel excés oses-tu m'offenser?

Ah! je rougis de ma foiblesse,
Crains que Venus ne vange sa tendresse
Par un spectacle encor plus cruel à tes yeux.

ANCHISE.

Je vous entends! ô Ciel! je vous entends... barbare,
Quel transport! quel dessein affreux!
Mais ma mort previendra le destin rigoureux
Que vôtre fureur me prepare.

VENUS.

Tu crains pour ma Rivale; ah! mon juste couroux
S'alume encor par tes allarmes.

ANCHISE.

Briserez-vous des nœuds si doux?
D'une innocente ardeur troublerez-vous les charmes?
Ah! si vous écoutez ce couroux éclatant,
Ne punissez du moins qu'un Amant deplorable;
Hesione est-elle coupable,
Si j'ay pour elle un cœur trop tendre & trop constant!
Au nom du tendre Amour qui nous doit la naissance...

VENUS.

Ingrat en vain pour toy j'en ressens la puissance.

ANCHISE.

Epargnez ce que j'aime & laissez-moy perir:

VENUS.

Ton amour, tes ſoupirs, tes diſcours, tout m'outrage.

ANCHISE.

Cruelle, faites-nous mourir,
Achevez vôtre ouvrage.

ANCHISE, VENUS.

ANCH. { *Je ne puis toucher vôtre cœur:*
VEN. { *Mes feux ne touchent point ton cœur:*

{ *Serez-vous* / *Seras-tu* } *toûjours* { *inflexible?* / *inſenſible?*

ANCH. { *Ah! que vôtre amour eſt terrible!*
VEN. { *L'Amour qu'on outrage eſt terrible.*

La haine a bien moins de fureur.

ANCHISE.

Les Dieux à cet excés portent-ils leur colere!
Cherchons le Roy, ſçachons ce qu'il faut que j'eſpere.
Il ſort.

VENUS.

Le Peuple vient icy, Telamon eſt vainqueur:
Suivons l'Ingrat que j'ayme, & calmons ſa fureur.

SCENE TROISIÉME.

Chœur de Troyens, de Phrygiens & de Phrygiennes.

LE CHOEUR.

Celebrons un Heros chery de la Victoire,
Il rend un doux repos à cet heureux sejour;
Qu'il triomphe, qu'il aime, & qu'à jamais l'Amour
Le recompense de sa gloire.

Les Phrygiens & les Phrygiennes celebrent la victoire de Telamon, & le calme qu'il leur a rendu.

UNE PHRIGIENNE.

L'Amour s'envole au bruit des armes,
Il aime à regner dans la paix,
Il ne sçauroit souffrir d'allarmes
Que celles que causent ses traits:

Il se plaît au son des Musettes,
Au chant des Bergers amoureux,
Il ne veut voir troubler ses jeux
Que par les plaintes inquietes
Des Amants qu'il rend malheureux:

L'Amour s'envole au bruit des armes,
Il aime à regner dans la paix,
Il ne sçauroit souffrir d'allarmes
Que celles que causent ses traits.

Les Peuples de Phrygie continuent à marquer par leurs danſes la joye qu'ils ont de ce que Telamon a vaincu le Monſtre qui ravageoit leurs Campagnes.

UNE PHRYGIENNE.

L'Amour dans l'aimable jeuneſſe
Fait nôtre ſageſſe,
Nos ſoins, nos deſirs
Et nos plus doux plaiſirs:

En vain la vieilleſſe
Murmure ſans ceſſe
Contre les douceurs
Où nous livrons nos cœurs;

Elle a beau deffendre
Des plaiſirs charmans;
Pour l'écouter, il faut attendre
L'hyver de nos ans.

SCENE QUATRIEME.

ANCHISE, LE ROY, VENUS.

ANCHISE aux Peuples.

Cessez, interrompez des concerts odieux.

En voyant le Roy.

Je vous cherchois, Seigneur, ô Ciel! le puis-je croire?
Telamon sur mes feux remporte la victoire!

LE ROY.

Prince, c'est un Arrest des Dieux,
Je gemis comme vous en perdant Hesione.

ANCHISE.

Qu'entends-je?

LE ROY.

Neptune l'Ordonne,
Telamon est vainqueur, & ma fille est le prix
Qu'a reçû son courage.

ANCHISE.

Quelle fureur vient saisir mes esprits!
Dans le sang d'un Rival lavons un tel outrage.

LE ROY.

Ne tentez point d'inutiles efforts:
Ses Vaisseaux sont partis, ils sont loin de nos bords:
Le Ciel, la Mer, pour luy tout devient favorable.

ANCHISE.

O Sort, es-tu content ? ſuis-je aſſez miſerable ?
Elle eſt partie, ô Ciel ! elle a quitté ces lieux !...
Roy cruel, Roy parjure....
Mais dois-je m'étonner quand tu trompes les Dieux,
Que tu me faſſes cette injure ?

Je ne la verray plus ! pour jamais ſes beaux yeux
Vont loin des miens éclairer d'autres lieux !
Que vois-je !.. quel pouvoir dãs les Enfers m'entraîne ?
Quelle inviſible main m'enchaîne !...
Quel Monſtre !... quelle obſcurité !...
Quel ſpectacle à mes yeux eſt icy preſenté !

Au Roy.

Tremble, Roy cruel, tremble ;
La Grece contre toy s'aſſemble...
O Ville infortunée ! ô malheureux Remparts !
Les Dieux les reduiſent en poudre,
Parmi les feux des Grecs j'entens gronder la foudre !
L'Effroi, l'horreur, la mort volent de toutes parts !

Au travers des feux & des armes
Je vois tes Palais ſaccagez !
Quelle nuit !.. quels cris !.. que de larmes !
Traitre, les Dieux & moy, nous ſommes tous vangez.

Il tombe accablé de douleur.

LE ROY.

O Dieux, l'inſpirez-vous?

VENUS.

J'adouciray leur haine,
Venus ſera pour toy, ceſſe de t'allarmer:
Helas! de ce Heros je ſens toute la peine,
Laiſſe-moy dans ces lieux le ſoin de la calmer.

Le Roy ſort.

VENUS.

Quel bruit ſe fait entendre?
Mercure vient ici, que me veût-il apprendre?

SCENE DERNIERE

VENUS, MERCURE.

MERCURE.

L'Amour a du destin appaisé le courroux,
Au plus charmant espoir abandonnez vôtre ame,
Ce Heros doit enfin partager vôtre flâme,
Les plus puissans des Dieux se declarent pour vous.

VENUS.

Tout m'assure en ce jour d'un bonheur plein de charmes,
Volez, Zephirs, volez dans ma brillante Cour,
Et vous, fuyez, tristes allarmes:
Que ne peut le Destin d'accord avec l'Amour?

Les Zephirs volent & enlevent Anchise.

Fin du cinquiéme & dernier Acte.

BIBLIOTHEQUE ROYALE

PRIVILEGE GENERAL.

LOUIS PAR LA GRACE DE DIEU, ROY DE FRANCE ET DE NAVARRE: à nos amez & feaux Conseillers, les Gens tenant nos Cours de Parlement, Maîtres des Requêtes ordinaires de nôtre Hôtel, Grand Conseil, Prévôt de Paris, Baillifs, Senéchaux, leurs Lieutenants Civils, & autres nos Justiciers qu'il appartiendra, SALUT: Le Sieur GUYENET, nôtre Conseiller-Tresorier-General-Receveur & Payeur des Rentes de l'Hôtel de nôtre bonne Ville de Paris, Nous a fait remontrer qu'ayant obtenu de Nous le Privilege de faire representer les OPERA durant le temps de dix années, à compter du prémier Mars 1709. Il auroit depuis acquis les Privileges que Nous avions cy devant accordez aux Sieurs de Francini, de Lully fils, & Ballard, pour l'impression desdits OPERA, lesquels il desireroit donner au Public, s'il Nous plaisoit luy accorder nos Lettres de Privilege sur ce necessaires. A CES CAUSES, desirant favorablement traiter l'Exposant, attendu les grandes dépenses qu'il convient faire, tant pour l'Impression que pour la Gravure en Taille-douce des Planches dont ce Livre sera orné. Nous luy avons permis & permettons par ces presentes de faire imprimer & graver les PAROLES, ET LA MUSIQUE DE TOUS LESDITS OPERA QUI ONT ETE', OU QUI SERONT REPRESENTEZ PAR L'ACADEMIE ROYALE DE MUSIQUE, tant separement, que conjointement, en telle forme, marge, caractere, nombre de Volumes, & de fois que bon luy semblera, & de les faire vendre & debiter par tout nôtre Royaume, pendant le temps de dix années consecutives, à compter du jour de la datte desdites présentes. FAISONS DEFENSES à toutes personnes de quelque qualité & condition quelles puissent être, d'en introduire d'impression étrangere, dans aucun lieu de nôtre obeïssance; Et à tous Imprimeurs, Libraires, Graveurs, & autres, d'Imprimer, faire Imprimer, vendre, faire vendre, debiter, ny contrefaire lesdites Impressions, Planches & Figures, en tout ny en partie, sans la permission expresse & par écrit dudit Sieur Exposant, ou de ceux qui auront Droit de luy, à peine de confiscation des Exemplaires contrefaits, de six mil livres d'amende contre chacun des contrevenants; dont un tiers à Nous, un tiers à l'Hôtel-Dieu de Paris, l'autre tiers audit Sieur Exposant, & de tous dépens, dommages & interests: à la charge que ces présentes seront Enregistrées tout au long sur le Registre de la Communauté des Imprimeurs & Libraires de Paris, & ce dans trois mois de la datte d'icelles; Que la Gravure & Impression desdits Opera, sera faite dans nôtre Royaume, & non ailleurs, en bon Papier & en beaux Caracteres conformement aux Reglements de la Librairie; & qu'avant que de les exposer en vente, il en sera mis deux Exemplaires dans nôtre Bibliotheque publique, un dans celle de nôtre Château du Louvre, & un dans celle de nôtre tres-cher & feal Chevalier Chancellier de France le Sieur Phelypeaux, Comte de Pontchartrain, Commandeur de nos Ordres; le tout à peine de nullité des présentes: du contenu desquelles, vous mandons & enjoignons de faire joüir ledit Sieur Exposant, ou ses Ayants cause, pleinement & paisiblement, sans souffrir qu'il leur soit fait aucun trouble ou empêchement. VOULONS que la copie desdites présentes, qui sera imprimée, au commencement ou à la fin desdits Opera, soit tenuë pour dûëment signifiée, & qu'aux copies collationnées, par l'un de nos amez & feaux Conseillers & Secretaires, foy soit ajoûtée comme à l'Original. COMMANDONS au premier nôtre Huissier ou Sergent, de faire pour l'exécution d'icelles, tous Actes requis & necessaires, sans demander autre permission, & nonobstant Clameur de Haro, Charte Normande, & Lettres à ce contraires: CAR tel est nôtre plaisir. DONNE' à Paris le vingt-deuxiéme jour de Juin, l'An de grace 1709. Et de nôtre Regne, le soixante-septiéme. Par le ROY, en son Conseil. Signé, LE COMTE, avec Paraphe, & scellé.

J'ay cedé à Monsieur *Ballard*, seul Imprimeur du Roy pour la Musique, le present Privilege, suivant le Traité fait avec luy le 19e. jour d'Avril 1709. A Paris ce 12. Juillet 1709. Signé, GUYENET.

Registré sur le Registre No. 2. *de la Communauté des Imprimeurs & Libraires de Paris, page* 461. No. 901. *&* 902. *conformément aux Reglements, & nottament à l'Arrest du Conseil du* 13. *Aoust* 1703. *A Paris ce* 12. *Juillet* 1709. Signé L. SEVESTRE, Syndic.

www.ingramcontent.com/pod-product-compliance
Lightning Source LLC
LaVergne TN
LVHW050433160826
845677LV00002BA/683

* 9 7 8 2 3 2 9 6 7 2 6 1 8 *